Vente Clavière

Octobre 1892

IMPRIMERIE CHAIX, RUE BERGÈRE, 20, PARIS. — 21084-9-92. — (Encre Lorilleux).

CONDITIONS DE LA VENTE

La vente sera faite *expressément* au comptant.

Les acquéreurs paieront, en sus des adjudications, *cinq pour cent*, applicables aux frais de la vente.

L'exposition ayant mis le public à même de se rendre compte des objets, il ne sera admis aucune réclamation une fois l'adjudication prononcée.

CATALOGUE

DES

OBJETS DE VITRINE

Faïences,
Boîtes en vernis Martin, Miniatures,
Bonbonnières, Épées, etc.

FORMANT LA COLLECTION DE

M. CLAVIÈRE

DONT LA VENTE AURA LIEU

HOTEL DROUOT, SALLE N° 5

Le Lundi 10 Octobre 1892
à 2 heures.

COMMISSAIRE – PRISEUR	EXPERT
M° G. COULON	**M. E. VANNES**
56, Faubourg Montmartre, 56	54, Faubourg Montmartre, 54

EXPOSITION PUBLIQUE

Le Dimanche 9 Octobre 1892
De 2 heures à 5 heures.

FAIENCES DE DELFT

---

1 Légumier de forme oblongue avec un plateau, décoré en polychrome et or, sur fond blanc, de médaillons à scènes pastorales dans le goût de Watteau. Ces médaillons sont cerclés en chicorées or et rouge. Le couvercle et le légumier portent la marque de Zacharias Dextra, 1720.

2. Assiette en Delft, de forme ronde, décorée en rouge, jaune, vert de cuivre et rehauts d'or, d'une corbeille fleurie, avec fleurettes sur le marli.

3. Beurrier en Delft doré, décoré de personnages en costume Louis XV, petite restauration à l'une des anses.

4. Deux ASSIETTES, décor au tonnerre.

5. Quatre ASSIETTES polychromes rondes, lobées
   et décorées de paniers à fleurs; les lobes
   sont séparés par des bandes bleues à
   entrelacs, portant le monogramme de
   Jan Theunis Dextra, 1759.

6. PLAT, décor semblable aux quatre assiettes
   précédentes et portant la même marque.

7. COMPOTIER à bords chantournés, décoré en
   bleu d'une scène champêtre, le marli est à
   coquilles et à semis. — Petite restauration
   au bord. — Marque de Blom Pot.

8. PLAT ROND à panier fleuri et rubanné au
   centre, marli lobé d'entre-deux.

9. Six ASSIETTES décor oriental en rouge et
   vert de cuivre avec marguerites au centre.

10. Deux ASSIETTES décorées de paniers jaunes,
    garnis de fleurs.

11. Deux autres, avec paniers bleus, les marlis sont quadrillés en bleu avec entrelacs en rouge de fer.

12. Quatre Assiettes de différents décors.

13. Petit plat lobé, et décoré en bleu, de fleurs, à médaillon central.

14. Petit plat fond jaune jonquille, lobé en réserve de quatre cœurs et de quatre palmettes à coquilles.

FAIENCES DE ROUEN

15. Grand et beau PLAT en Rouen bleu et blanc à médaillon central, entouré d'entrelacs et de petits lambrequins, même décor sur le marli ; sous l'ombilic du revers, marqué P. C. avec fleur de lis. — Diamètre 0^m,55.

16. PLAT chantourné, provenant de la vente Plocquin, dans laquelle il fut catalogué sous le n° 133 et la dénomination de Rouen, bien que ce plat semble provenir des fabriques d'Aprey ainsi que l'indiquent la couverte et le décor qui est fait d'oiseaux perchés sur des branchages. — Diamètre 0^m,30.

17. Autre PLAT chantourné, pendant du précédent, venant de la vente Plocquin, n° 134 du catalogue. — Diamètre 0^m,30.

18. ASSIETTE polychrome, décorée au centre d'un panier fleuri et, sur le marli, de guirlandes séparées par des petits motifs.

19. Petit COMPOTIER en Sinceny, décor à la tulipe et à la rose bleu, bords chantournés ; marqué P. C. sur le marli extérieur.

20. Autre COMPOTIER en Sinceny, à la tulipe et à la rose en manganèse ; marqué P. D.

21. Deux ASSIETTES, décors à la corne, bords chantournés.

22. Quatre ASSIETTES, décors à la pagode, les marlis sont quadrillés et décorés de fleurettes dans les entre-deux. Marques des Guillibaux : G. A. et G. B.

23. Grand PLAT oblong, décor à la corne tronquée.

24. Deux petits COMPOTIERS à bords chantournés, décors au carquois, marlis lambrequinés.

25. ASSIETTE décorée d'un vase à fleurs ; petit listel bleu sur le marli.

FAIENCES ITALIENNES

26. **Urbino.** — Coupe ronde sur piédouche; le décor représente un triton armé de sa conque marine, et un jeune amour assis sur un dauphin; au second plan une ville et des monts se profilent sur le ciel. Cette pièce provient de la collection du docteur Roth. N° 144 du catalogue.

27. **Fabrique de Romagne.** — Grand Plat fond blanc décoré au centre d'un écusson : d'or, chargé de trois petits pots, deux et un, le chef chargé d'une tiare encadrée de deux clefs de saint Pierre en sautoir, armes des Pignatelli. — Diamètre 0^m,36.

28. **Castelli.** — Plaque rectangulaire représentant un épisode guerrier.

29. **Castelli.** — Coupe, sur piédouche, ondulée, décorée d'un oiseau au centre.

30. **Gênes.** — Plat oblong à bords chantournés, décoré en jaune citrin de deux figures de femmes.

31. Assiette chantournée, décorée d'un personnage.

32. **Savone.** — Coupe, sur piédouche, décorée de deux personnages et de ruines. Monogramme un F surmonté d'un faucon.

33. **Faënza.** — Assiette ronde décorée de guirlandes et de fleurettes.

34. **Caffagiolo.** — Assiette ronde à bords ondulés et guirlandés en jaune d'ocre.

35. **Castel-Durante.** — Assiette à couverte
ton vert doux, décorée d'une rose au
manganèse.

36. **Abruzzes.** — Curieux Vase à double
goulot, palmé et orné en double face
d'un soldat de la Révolution; la partie
supérieure fermée par un fruit.

37. **Pessaro.** — Plat oblong, décoré en vert de
cuivre, le marli chantourné est à réserves
semées de fleurettes.

38. **Milan.** — Plat chantourné, décor chinois.

FAIENCES DIVERSES

---

39. **Saint-Clément**. — Assiette chantournée, bord à dents de loup et à doubles filets; au centre un écusson.

40. **Saint-Clément**. — Assiette patriotique portant au centre les emblèmes de la noblesse, du clergé et du tiers surmontées de la couronne royale; le marli est chantourné.

41. **Moustier**. — Plat oblong, finement décoré en bleu dans le goût de Berain.

42 . Trois ASSIETTES chantournées, petits lambrequins et filets sur les marlis ; au centre
un écusson écartelé d'azur au un et trois,
d'argent au deux et au quatre, accolé de
deux hermines passants, au chef chargé
d'une couronne de marquis et en pointe
une croix de Saint-Louis, au revers.
Monogramme L P.

43 . PLAT à barbe décoré de grotesques, en vert
de cuivre.

44 . **Sceaux**. — ASSIETTE décorée de fleurettes.

45 . **Lille**. — PLAT ovale, décoré en gros bleu
au centre d'une rosace, et sur le marli
de grosses fleurs sur fond losange. Diamètre $0^m,47$.

46 . **Lille**. — ASSIETTE ronde, décorée au
centre d'une étoile à 5 branches couverte d'une rosace; — entre les branches
formant lobes, des bouquets.

47. **Strasbourg**. — Six assiettes marquées au revers du monogramme H 39, Hannong; — trois sont décorées de fleurs et les trois autres de Chinois.

48. **Strasbourg**. — Petit compotier décor chinois, marqué au revers du monogramme de Hannong.

49. **Strasbourg**. — Plat chantourné, décor à fleurs, marque de Hannong au revers. Diamètre o^m,35.

50. **Sinceny**. — Plat chantourné à fleurs. Diamètre o^m,33.

51. **Aprey**. — Assiette à bords dentelés, décorée d'oiseaux.

52. **Niedervillers**. — Assiette à bords chantournés, au centre ruines, et fleurettes au marli en camaïeu rose; — au revers monogramme PP.

53. **Montpellier**. — Assiette à bords dentelés d'époque Louis XV, décorée de fleurs.

54. **Nevers.** — Assiette patriotique, décorée d'un coq chantant debout sur un canon; au-dessous la devise : *Je veille pour la nation.*

55. **Nevers.** — Assiette patriotique, au centre deux oiseaux, et en dessous, la devise : *Ils sont unis.*

56. **Saint-Amand.** — Assiette fond bleuté, décorée de fleurs, bords chantournés.

57. **Varage.** — Assiette chantournée, décor aux Chinois.

58. **Rambervillers.** — Assiette chantournée, décorée au centre d'un oiseau, les ailes déployées.

59. **Marseille.** — Deux assiettes décorées de personnages et de scènes maritimes. les bords chantournés sont à dents de loup.

60. **Marseille.** — Deux assiettes chantournées, décorées de roses et de fleurettes; au revers monogramme de la Veuve Perin, VP.

62. **Marseille.** — Assiette chantournée, décorée sur fond blanc d'un dahlia. Pièce fine de qualité.

63. **Marseille.** — Quatre Assiettes chantournées, décorées de roses et de pièces diverses.

64. **Marseille.** — Assiette chantournée, décorée de fleurs, en camaïeu vert sur fond blanc.

65. **Marseille.** — Autre Assiette en camaïeu vert à fleurettes et entrelacs.

66. **Niederwiller.** — Petite Saucière sur plateau, décorée en camaïeu rose, avec branchage formant bouton sur le couvercle. Cette pièce a figuré au Musée des Arts décoratifs.

67. ASSIETTE chantournée et dentelée, décorée sur blanc. de tulipes et de fleurettes.

68. **Niederwiller**. — ASSIETTE Louis XV à bords chantournés. Le marli rocaillé est décoré en relief et en couleurs, d'un poireau et d'une branche de feuilles, et le centre d'une rose.

69. **Bayreuth**. — PLATEAU, sur piédouche décoré en camaïeu bleu, au centre d'un fumeur chinois, et au bord d'une large galerie à fleurs et entrelacs. Au revers du piédouche, monogramme B K.

70. **Bayreuth**. — Quatre ASSIETTES, à décors bleu sur fond blanc, aux centres une corbeille de fruits piquetée par des oiseaux. Monogramme $\frac{BK}{H}$ au revers.

71. Petit PLATEAU ovale chantourné, même décor que les assiettes ci-dessus, et même monogramme au revers.

72. **Bordeaux**. — Assiette chantournée décorée, au manganèse d'une scène de combat naval.

73. **Montauban**. — Assiette chantournée, décor à fleurs.

74. **Quimper**. — Assiette ronde, décorée d'un personnage.

75. **Aissy**. — Assiette ronde, canard au centre.

76. **Hispano-Mauresque**. — Petit Plat rond, fond ocre et fleurettes en rouge.

77. Autre Plat rond, à reflets métalliques.

78. **Alcora**. — Plat rond sur piédouche, à fond en manganèse réservé de médaillons décorés de paysages et de petits personnages.

79. **Alcora**. — Assiette à fond manganèse réservé de médaillons à paysages. Au revers un monogramme TA C.

80. **Lille**. — Assiette ronde, à décor bleu.

BOITES ET MINIATURES

OBJETS DIVERS

---

81. Boite ovale en or, du temps de Louis XVI, guillochée, gravée et ornée d'émaux de couleur.

82. Boite Louis XVI en or émaillé bleu.

83. Boite ronde en ivoire, le couvercle est surmonté d'une miniature représentant le portrait d'un général du premier Empire. Signée Manini.

84. PORTRAIT de jeune femme, dans un cadre
ovale en or ; vue de face, la tête blonde
est coiffée d'un bonnet garni d'une guir-
lande de roses ; la chemisette largement
échancrée, laisse voir le cou orné d'un
collier de perles. Signée Le Doux, à
droite.

85. BOITE ronde en écaille blonde cerclée d'or;
le couvercle est surmonté d'une miniature représentant une jeune femme
blonde revêtue d'un costume de général
du Directoire; à gauche, les initiales F. C.

86. BOITE en poudre d'écaille; le couvercle,
cerclé d'or, est monté d'une miniature de
jeune femme du temps de Louis XV en
déshabillé galant.

87. PORTRAIT de jeune femme en costume du
temps de Louis XVI; la tête couverte
d'une coiffe en dentelle, très fine d'exé-
cution.

88. Miniature sur vélin, portrait d'actrice se couvrant la tête d'un voile, cadre en bronze doré.

89. Portrait d'homme, époque Louis XVI, sur ivoire. Signé à droite Demarne, cadre bronze doré.

90. Boite à mouches, en nacre, montée en argent et ornée d'une fine miniature représentant un naufrage. Attribuée à J. Vernet.

91. Boite en vernis dit Martin à charnières; le couvercle est orné d'une scène : l'Embarquement pour Cythère, d'après Watteau; le pourtour et le dessous de la boîte sont décorés de scènes pastorales.

92. Boite en vernis dit Martin, cerclée et galonnée; le couvercle représente une scène de buveur, d'après Tenier, et le dessous de la boîte est décoré d'une nature morte.

93. BOITE en vernis dit Martin, cerclée et galonnée ; le couvercle est orné d'une scène
représentant Amphitrite sur les eaux en-
tourée de Tritons ; le dessous de la boîte
est décoré de deux Amours sur un Dauphin et les pourtours de Dauphins et
d'Amours jouant dans les eaux.

94. PETITE BOITE à farder en nacre, de forme
rectangulaire, incrustée d'or et garnie en
argent, époque Louis XV.

95. DRAGEOIR en nacre, à parties dorées, piqué
de pierres de couleur; l'intérieur et la
monture sont en argent doré.

96. BOITE en nacre de forme octogonale, très
finement dorée sur les parties ciselées,
monture argent.

97. BOITE en ivoire finement sculptée sur toutes
ses faces de scènes pastorales; les charnières sont en or, époque Louis XV.

98. Boite ronde en argent doré et ciselé, époque
Louis XVI.

99. Boite en ors de couleurs, ciselée de trophées,
intérieur en écaille, époque Louis XVI.

100. Boite à pastilles ovale, en écaille cloutée de
fer et piquée d'argent, époque Louis XIII.

101. Boite ovale en écaille, incrustée d'or et
d'argent.

102. Épée Louis XIV, garde, pommeau, coquille,
quillon en fer repercé, avec inscription
de Davant à Paris, sur la lame.

103. Épée Louis XIII à coquille repercée, pommeau, quillon et garde ciselés.

104. Épée Louis XVI, coquille, garde et pommeau repercés, avec inscription sur la
lame de Lecourt, fournisseur du Roy.

105. Épée Louis XVI, la coquille et le pommeau sont repercés, la garde et le quillon sont ciselés.

106. Épée Louis XVI en argent doré, ciselée à facettes.

107. Épée Louis XVI en argent à parties dorées et ciselée à facettes.

108. Épée Empire, poignée en nacre, coquille, quillon, garde et pommeau en argent.

109. Épée de l'Empire, monture en argent.

110. Sabre oriental à monture en cuivre doré, à lame courbée et à parties damasquinées.

111. Reliquaire, bronze doré, époque Louis XIII; sur l'une des faces, le christ en croix, entouré d'une galerie contenant des parties de reliques, sur l'autre une miniature sur cuivre rehaussé d'or, représentant la Vierge Marie, Marthe et Jésus.

112. Petit Christ en ivoire appliqué sur fond
en velours dans un cadre Empire.

113. Tasse a thé en porcelaine de Sèvres, surdécorée fond vert camélia, à parties per-
lées.

114. Tasse et sa Soucoupe surdécorée en porcelaine tendre de Chantilly, décor japonais.

115. Statuette de femme, en porcelaine de
Limbach.

116. Groupe *l'Heureuse Mère*, en porcelaine de
Ginoris.

117. Statuette de marchande de poisson, en
faïence de Lorraine.

118. Éventail en ivoire repercé, du temps de
Louis XVI, à parties dorées ; la feuille
est peinte de médaillons à pastorales.

119. Curieux Couvert de chasse en bois sculpté.

120. **Pendule** d'époque Empire en marbre blanc
et noir, garnie en bronze doré d'un
amour et d'un chien se désaltérant à
une fontaine; l'embase est à plate-bande
en bronze doré, ainsi que divers autres
accessoires.

121. **Paire de candélabres** de l'époque Empire,
en bronze ciselé et doré à chacun trois
lumières.

122. **Statuette** équestre de Napoléon Ier, en
bronze.

123. **Pastel**, portrait de madame Dubarry.

124. **Pastel**, portrait de madame Sophie.

125. **Chasse** au cerf. (Peinture de Théodore
Faure.)

126. **Le buveur**, rubis sur l'ongle. (École flamande.)

127. **Le fumeur**. (École flamande).

128. Joli modèle de frégate en os et ivoire.

129. Vitrine à quatre faces, bois noir à partie cintrée et garnie de glaces.

IMPRIMERIE CHAIX, RUE BERGÈRE, 20, PARIS. — 21082-9-92. — (Encre Lorilleux).